Léonce de Lavergne

Adam Smith

Essai

ISBN : 978-1546473947

10 9 8 7 6 5 4 3 2 1

Léonce de Lavergne

Adam Smith

Essai

Table de Matières

Section I

Dès que commence la seconde moitié du XVIIIe siècle ; on voit naître l'économie politique sur presque tous les points de l'Europe à la fois. En Italie, Verri et Beccaria jettent les premiers fondements de cette nouvelle science, et, ce qui vaut encore mieux, l'administration du comte Firmiani en Lombardie, celle du grand-duc Léopold de Toscane, en pratiquent les principes naissants pour le bonheur des populations. En Espagne, Campomanès, que va bientôt suivre Jovellanos, fait entendre dans le pays classique des monopoles, du système prohibitif et des préjugés monétaires, bon nombre de vérités utiles qui ne l'empêchent pas de devenir président du conseil de Castille. En France, le médecin de Louis XV, le docteur Quesnay, publie son *Tableau économique*, et autour de lui se presse un groupe d'amis et de disciples, Gournay, d'Argenson, Mirabeau père, Lemercier de La Rivière, Dupont de Nemours, et enfin le plus illustre de tous, Turgot. En Angleterre, où, depuis la révolution de 1688, tout ce qui peut contribuer au bon gouvernement des nations était plus librement étudié qu'ailleurs, une foule de publications se succèdent sur les questions d'intérêt public, et l'économie politique arrive à trouver sa forme à peu près définitive dans les travaux d'un simple professeur écossais, Adam Smith. On s'est beaucoup demandé quelle avait été la part exacte de chacun de ces écrivains dans l'édifice de la doctrine économique : question insoluble et superflue ! Qui peut compter la multitude des sources qui contribuent à former un ruisseau, et la multitude des ruisseaux qui contribuent à former un fleuve ?

Parmi les trois royaumes, réunis sous le sceptre de la Grande-Bretagne, l'Écosse est celui que son génie et son histoire préparaient le plus à devenir le berceau préféré de l'économie politique. Après avoir fait remarquer que l'Écosse a commencé par être profondément religieuse, M. Cousin ajoute, dans son *Cours d'histoire de la Philosophie* : « Du sein de ces fortes croyances est sorti un peuple resté toujours fidèle à la cause de la liberté en religion et en politique, éclairé et brave, honnête et sensé, à la fois modéré et opiniâtre, qui a joué un rôle particulier dans les révolutions de la Grande-Bretagne. » L'Écosse n'a en effet passé par aucun des excès contraires que l'Angleterre a dû traverser avant d'arriver au gouvernement qui fait sa force et sa gloire. Dès 1640, les covenantaires écossais étaient en pleine insurrection contre le pouvoir absolu ; mais ils se gardèrent bien de prendre part à la tragédie de 1649, et, au lieu de tremper ses mains dans le sang de Charles Ier, le parlement écossais intercéda inutilement en faveur de la royale victime. En revanche, quand le peuple anglais expiait plus tard, sous Charles II, ses emportements démocratiques par les folies d'un despotisme corrupteur, d'intrépides Écossais entretinrent par des révoltes non interrompues l'esprit d'indépendance qui devait triompher en 1688. M. Cousin termine ce beau portrait historique par ce trait qui peint parfaitement l'Écosse de nos jours : « Nulle part la créature humaine n'est plus éclairée ni plus honnête, et par conséquent plus vraiment heureuse. » Au milieu du XVIIIe siècle, l'Écosse possédait à la fois une réunion d'hommes éminents qui jetaient sur elle un éclat presque sans égal dans le reste de l'Europe. Trois noms surtout brillaient au premier rang : David Hume, l'historien de l'Angleterre, le philosophe successeur de Locke ; le docteur Robertson, historien de Charles-Quint, de l'Écosse elle-même et de l'Amérique, et Adam Smith. Après eux venaient Ferguson le moraliste, le chimiste Black, le critique Blair, l'agronome lord Kames, etc.

Le comté de Fife, cette verte péninsule qui s'avance dans la mer, en face d'Edimbourg, entre l'embouchure du Forth et celle du Tay, est peut-être la partie la plus riante de la Basse-Ecosse. Tous les rois de la maison de Stuart, depuis Jacques Ier jusqu'à Jacques VI, y avaient leur résidence favorite dans le manoir champêtre et féodal de Falkland. Pennant, qui le visitait en 1772, en fait une description enthousiaste. « Ce pays, dit-il, est si populeux, qu'à part les environs de Londres, il n'en est pas, dans l'Angleterre proprement dite, qui puisse l'emporter : fertile en sol, abondant en bétail, riche en houille, en fer, en chaux, en pierre à bâtir, béni dans ses manufactures ; la propriété admirablement bien divisée ; point de richesse excessive insultant à la misère du peuple, la plupart des familles jouissant d'une égale et douce médiocrité. Toute la côte de Crail à Culross, sur une longueur de 40 milles, n'est qu'une chaîne de villages. » Ce tableau est aujourd'hui encore plus vrai qu'alors. Quiconque à vu une fois cette côte gracieuse et animée, ces marais assainis et transformés en prairies, ces milliers de vaches au pâturage, ces beaux champs de froment, de turneps et d'avoine sous le pâle ciel du nord, ces fermes où respirent la paix, le travail et la bonne conscience, ces maisons de plaisance entourées de frais gazons et d'arbres séculaires, cette population si nombreuse et pourtant si aisée, ne les oubliera jamais. Un des petits ports de la côte, Kirkcaldy, où ne s'abritaient guère alors que des barques de pêcheurs, a vu naître Adam Smith en 1723. Le père du futur fondateur de l'économie politique y remplissait les fonctions de contrôleur des douanes.

Après avoir fait ses premières études à l'école de son village, le jeune Smith alla passer trois ans à l'université de Glasgow, puis sept ans à celle d'Oxford. Il s'établit ensuite à Édimbourg, où il ouvrit un cours de belles-lettres. Le succès de ce cours fut tel qu'il le fit appeler à la chaire de philosophie morale de l'université de Glasgow, que venait d'illustrer Hutcheson. C'est donc l'enseignement des belles-lettres et de la morale qui a conduit Smith à l'économie politique. Comment et par quel chemin ? Nous ne pouvons mieux le savoir qu'en le demandant à son premier écrit.

La *Théorie des sentiments moraux, ou Essai analytique sur les principes des jugements que portent les hommes sur les actions des autres et sur leurs propres actions*, a paru pour la première fois en 1759, il y a juste un siècle ; ce livre original a été traduit une première fois en français, en 1766, sous le titre de *Métaphysique de l'âme*, une seconde fois en 1774 par l'abbé Blavet, bibliothécaire du prince de Conti, une troisième fois en 1798 par la veuve de Condorcet, preuves répétées du grand succès qu'il avait obtenu, et qui durait encore quarante ans après. Adam Smith le préférait, dit-on, à son grand ouvrage économique, qui a cependant beaucoup plus fait pour sa gloire. M. Cousin l'a trop bien analysé pour qu'il soit permis de l'essayer après lui. Disons seulement que le principe de Smith est la *sympathie*, c'est-à-dire que nous jugeons des actions bonnes ou mauvaises par la sympathie ou l'antipathie qu'elles nous inspirent. Hutcheson avait déjà donné pour fondement à la morale la bienveillance ; il n'y a qu'une faible nuance entre les deux systèmes. Suivant la méthode habituelle de l'école écossaise, Smith commence par l'observation d'un fait de sentiment, puis il en déduit pendant deux volumes une foule de conséquences ingénieuses. Le fond des idées est un peu subtil, le tissu des développements un peu délié, la distinction des nuances un peu indécise ; mais que de finesse, de grâce et de bonté communicative ! On se sent comme doucement porté dans un air calme, au milieu d'une lumière qui n'a rien d'éclatant, mais qui plaît à l'âme, vers le temple idéal de la sérénité élevé par le génie des sages de tous les temps.

Adam Smith ramène les différents systèmes de philosophie morale à trois principaux, celui qui fait consister la vertu dans ce qu'il appelle la convenance ou la *propriété* des actions, celui qui la fait consister dans l'utilité personnelle ou la *prudence*, celui qui la fait consister dans la *bienveillance* ou la sympathie. « Ces trois systèmes renferment, dit-il, toutes les définitions qu'on peut donner de la vertu, et il n'en est point qu'on ne puisse rapporter à l'un de ceux-là, quelque éloigné qu'il en soit en apparence. Le système qui fait consister la vertu dans l'obéissance à la volonté divine peut être rangé parmi ceux qui la placent dans la prudence, ou parmi ceux qui la placent dans la *propriété* des actions. Quand on demande pourquoi on doit obéir à la volonté divine, on peut répondre de deux manières à cette question, qui serait absurde et impie, si elle impliquait le moindre doute sur le devoir d'obéissance. On peut dire d'abord que nous devons nous soumettre à la volonté de Dieu, parce qu'il récompensera ou punira éternellement notre obéissance ou notre désobéissance, ou bien répondre qu'indépendamment de la considération des peines et des récompenses, il convient qu'une créature obéisse à son créateur, qu'un être imparfait et borné se soumette à un être dont la perfection est infinie. On ne peut faire que l'une ou l'autre de ces deux réponses. Si c'est la première, la vertu consiste dans la *prudence* ou dans la poursuite de notre intérêt ; si c'est la seconde, la vertu consiste dans la *propriété* ou la convenance de nos actions, puisque le principe de notre obéissance est la convenance des sentiments de soumission et d'humilité à l'égard de la perfection divine. »

Adam Smith n'exclut absolument aucun de ces trois systèmes, pas même le second, mais il donne une préférence marquée au troisième, qui rapproche l'homme de Dieu. « La bienveillance doit être, dit-il, le seul motif des actes de la Divinité, car il est difficile de concevoir qu'une autre cause puisse agir sur un être indépendant et parfait. »

Le système qui fait consister la vertu dans la bienveillance est, d'après lui, un des plus anciens, quoiqu'il ne le soit pas tout à fait autant que celui d'Épicure : c'était celui de la plupart des philosophes qui, avant comme après le siècle d'Auguste, se nommaient *éclectiques*, et qui ont reçu le nom de *néo-platoniciens*, parce qu'ils prétendaient suivre principalement la doctrine de Platon et de Pythagore. On peut craindre que ce système ne se confonde quelquefois avec celui de l'amour de soi, en ce sens que l'intérêt personnel peut devenir le mobile secret de nos sympathies et de nos antipathies. L'ingénieux moraliste signale le danger, et y échappe par un procédé de méthode. En examinant le titre de son livre, on voit qu'il fait passer les jugements que nous portons sur les actions d'autrui avant ceux que nous portons sur les nôtres. Pour que la sympathie soit un juge certain, il faut qu'elle émane d'un spectateur impartial, et nous ne nous jugeons bien nous-mêmes qu'en étendant à nos propres actions les jugements que nous portons sur autrui. Cette distinction peut paraître délicate, elle ne l'est pas plus que beaucoup d'autres. Smith a voulu se séparer de la doctrine exclusive de l'amour de soi, professée de son temps en France et même en Écosse ; voilà le fait important.

Quant au système opposé, il le caractérise avec une bonhomie un peu malicieuse dans celui de ses chapitres qui a pour titre : *Dans quels cas le sentiment du devoir doit être le seul principe de notre conduite, et dans quels cas d'autres motifs doivent s'y joindre pour la diriger* ? « La religion, y est-il dit, nous fournit de si grands motifs de pratiquer la vertu, et un frein si puissant pour nous détourner du vice, qu'on a été souvent porté à regarder les principes religieux comme les seuls principes louables de nos actions. Nous ne devons pas, dit-on, récompenser par reconnaissance, punir par ressentiment, protéger la faiblesse de nos enfants, ni soigner la vieillesse de nos parents, par affection naturelle. Tous nos attachements pour des objets particuliers doivent s'anéantir dans notre cœur et y être effacés par un sentiment unique, par l'amour de la Divinité, par le désir de lui être agréable et de diriger notre conduite d'après ses lois. Nous ne devons point faire de bien parce qu'on nous en a fait, être charitables par humanité, aimer notre patrie pour elle-même, ni être justes et généreux par amour des hommes. Notre unique but dans l'accomplissement de tous ces devoirs doit être d'obéir à ce que Dieu nous a commandé. Je n'examinerai point une telle opinion ; je remarquerai seulement qu'on n'aurait pas dû s'attendre à la voir adoptée par les disciples d'une religion dont le premier précepte est d'aimer Dieu de toute notre âme, mais dont le second est d'aimer notre prochain comme nous-mêmes. »

Tel est en effet le fond de la philosophie morale de l'école écossaise ; c'est cette maxime du christianisme, la seconde sans doute, mais la plus appropriée à notre faiblesse : *Aime ton prochain comme toi-même*. On peut longtemps discuter sur ces questions délicates ; ce qu'on ne peut guère contester, c'est que la théorie d'Hutcheson et d'Adam Smith ne soit éminemment humaine et ne donne à la vertu son caractère le plus attrayant. Aucun des principes qui peuvent porter l'homme au bien ne doit être négligé, et pour être complète, la philosophie morale doit les embrasser tous, ce qui n'exclut pas, pour parler comme Adam Smith, le plus ou moins de sympathie pour l'un ou pour l'autre. La notion du devoir, de l'obligation morale, est évidemment la notion supérieure et essentielle, puisqu'elle repose sur le désintéressement absolu ; mais elle a quelque chose d'abstrait et de sévère, qui, pour employer encore le langage du philosophe écossais, la range beaucoup plus au nombre des sentiments *respectables* que des sentiments *aimables*. Il en est peu d'ailleurs dont les passions humaines puissent faire un plus terrible abus. L'indifférence pour les conséquences bonnes ou mauvaises de nos actions, quelque sublime qu'en soit la cause, peut avoir d'épouvantables conséquences, quand on se trompe sur la nature de son devoir. C'est au cri de *Dieu le veut* que se sont accomplies en toute sûreté de conscience bien des abominations ; le fatalisme musulman n'a pas d'autre origine. Smith en fait encore à plusieurs reprises, sans avoir l'air d'y toucher, une critique aussi fine que profonde, soit qu'il montre comment la philosophie stoïque a abouti dans l'antiquité à l'apologie du suicide, soit qu'il s'étende avec une complaisance ironique sur la direction moderne des consciences par les subtilités de la casuistique. Le penchant instinctif pour tout ce qui fait du bien à nos semblables, la répulsion pour tout ce qui leur fait du mal, le principe de la sympathie en un mot, n'est pas un guide aussi élevé, mais il est peut-être plus sûr, et dans tous les cas il est plus doux. Il complète et tempère l'idée du devoir, il la rectifie si elle s'égare. Il a ce caractère précis et positif qui plaît en toute chose à l'école écossaise, l'école du bon sens et des sentiments naturels par excellence. L'excès même, ce qui est rare, a bien peu de danger, car il n'est pas à coup sûr de fanatisme plus innocent que le fanatisme de la bienfaisance.

L'amour de l'humanité, voilà le principe de la philosophie du XVIIIe siècle tout entière, ce qui fera toujours la grandeur de ce temps malgré ses erreurs. *Il lui sera beaucoup pardonné, parce qu'il a beaucoup aimé.* Avec un pareil mobile dans les esprits, on ne saurait s'étonner que le XVIIIe siècle ait été le berceau de l'économie politique, et que cette science soit sortie toute faite de la philosophie écossaise, comme son émanation naturelle. L'économie politique n'est en effet qu'une application de l'amour de l'humanité ; pendant que la morale de la sympathie nous pousse à chercher le bien de nos semblables dans l'ordre moral, l'économie politique nous apprend à le chercher dans l'ordre matériel, et le lien entre ces deux ordres d'idées est la théorie de la justice et du droit, qui participe à la fois de l'un et de l'autre. Le cours d'Hutcheson comprenait dans ses subdivisions des rudiments d'économie politique en même temps que la morale et la politique proprement dite. À son tour, Smith avait conçu le projet d'écrire trois grands traités qui ne devaient former qu'un faisceau, un traité de philosophie morale, un traité d'économie politique, un traité de législation. Le premier et le second existent, mais il n'a pas eu le temps de finir le troisième, qui devait avoir pour titre *Théorie de la Jurisprudence*, et il a ordonné avant de mourir qu'on en détruisît les fragments commencés, perte profondément regrettable, qui aura sans aucun doute retardé les perfectionnements des lois écrites dans le monde entier. Tel est l'accord intime qui, dans ce grand esprit, unissait toutes les branches des sciences morales et politiques : elles ont dû se séparer pour que chacune pût se constituer à part, mais elles ne doivent jamais perdre de vue leur commune origine.

Adam Smith a laissé encore quelques essais philosophiques qui montrent l'étendue et la variété de ses études, une dissertation *sur l'Origine des Langues*, une *Histoire de l'Astronomie, de la Physique et de la Métaphysique des Anciens*, des considérations *sur les Arts d'imitation* ; mais tout pâlit devant ses *Recherches sur la Nature et les Causes de la Richesse des Nations*. Il avait quitté sa chaire en 1763, et après deux voyages en France, où il accompagna le jeune duc de Buccleugh,[1] il s'était enfermé pendant dix ans à Kirkcaldy, auprès de sa mère, pour composer cet immortel travail. Parmi les écrits dont il s'est inspiré, il faut placer au premier rang, avec ceux des économistes français, neuf petits *essais* publiés en 1752 par son ami et compatriote David Hume sur le commerce, le luxe, l'intérêt de l'argent, les impôts, le crédit public, la balance du commerce et la population. La réputation de Hume, soit comme philosophe, soit comme historien, a nui à ses travaux comme économiste ; il est certain cependant que ses *essais* contiennent une foule d'aperçus aussi justes que nouveaux. On peut citer dans le nombre la réfutation de cette erreur généralement répandue, que, dans le commerce entre deux nations, *le profit de l'une suppose nécessairement le dommage de l'autre* ; Hume donne en deux ou trois pages la démonstration contraire avec une précision et une force qu'il serait difficile de dépasser. Le bon sens écossais avait deviné ce que les deux grandes nations commerçantes, la Hollande et l'Angleterre, ne savaient pas alors, ce que tant d'autres peuples ont encore tant de peine à comprendre aujourd'hui. Un autre ami de Smith, lord Kames, a écrit un livre d'économie rurale, *le Gentilhomme fermier*, qui fait encore autorité. Lord Kames est un des premiers qui aient profondément étudié les meilleures conditions du bail à ferme ; on lui doit l'invention de la clause qui porte son nom, et qui consiste à faire rembourser au fermier sortant par le propriétaire les améliorations d'un effet permanent introduites dans la ferme. Ces études spéciales ont certainement contribué pour leur part au large ensemble que présente *la Richesse des Nations*.

Peu après cette publication, Smith fut nommé par le gouvernement anglais, en récompense de ses travaux, commissaire du roi pour les douanes en résidence à Édimbourg ; il a rempli ces fonctions jusqu'à sa mort, arrivée en 1790.

---

1 Dans le premier voyage, Smith et son élève ne firent que passer par Paris pour se rendre à Toulouse, où ils restèrent plus d'un an. Pourquoi cette préférence pour Toulouse ? Est-ce à cause du climat ? Est-ce à cause de la réputation qu'avait alors dans toute l'Europe l'administration des états du Languedoc et de la lutte très vive qui venait de s'engager entre le parlement et le gouverneur pour les libertés de la province ?

Section II

L'année 1776 marque une grande date pour l'économie politique et par conséquent pour l'humanité, car elle a vu paraître presque à la fois les édits de Turgot pour l'affranchissement du travail et le livre d'Adam Smith. Qui l'emporterait dans un parallèle entre ces deux illustres contemporains ? Turgot est le plus jeune des deux ; il n'a que trente-neuf ans en 1776, tandis qu'Adam Smith en a quarante-trois, et cependant les actes du premier ont précédé les écrits du second. Le Français s'est heureusement occupé de métaphysique aussi bien que l'Écossais ; il l'a prouvé par l'article *Existence* de l'Encyclopédie, où commence à poindre la philosophie spiritualiste qui doit succéder à l'école de Condillac. Détourné de bonne heure de la science proprement dite par les travaux de l'administration, il a, tout en donnant ses soins à la malheureuse généralité de Limoges, dont il était l'intendant, trouvé le temps d'écrire son *Mémoire sur les prêts d'argent*, ses *Lettres sur la liberté du commerce des grains*, ses *Réflexions sur la formation et la distribution des richesses*, œuvres admirables que tous les travaux ultérieurs n'ont pu que répéter, et qu'Adam Smith lui-même n'a pas fait oublier. Il a fait plus : dans un ministère de moins de deux ans, il a hardiment entrepris de pratiquer ses principes, et n'y a échoué qu'à demi, puisque la semence qu'il a jetée doit fructifier quinze ans plus tard.

Voltaire, qui était un bon juge, a rendu pleinement hommage à cette courte et lumineuse apparition d'un ministre philosophe. « J'appris, écrivait-il à propos de l'éditeur la liberté du commerce des grains, qu'un ministre d'état venait de publier un édit par lequel, malgré les préjugés les plus sacrés, il était permis à tout Périgourdin de vendre et d'acheter du blé en Auvergne, et tout Champenois pouvait manger du pain avec du blé acheté en Picardie. Je vis dans mon canton une douzaine de laboureurs, mes frères, qui lisaient cet édit sous un de ces tilleuls qu'on appelle chez nous des *rosnis*, parce que Rosny, duc de Sully, les a plantés. Comment donc ! disait un vieillard plein de sens, il y a soixante ans que je lis des édits, ils nous dépouillaient de la liberté naturelle dans un style inintelligible ; en voici un qui nous rend notre liberté, et j'en entends tous les mots sans peine ! Voilà chez nous la première fois qu'un roi a raisonné avec son peuple, l'humanité tenait la plume, et le roi a signé ; cela donne envie de vivre ; je ne m'en souciais guère auparavant, mais surtout que le roi et son ministre vivent ! » Hélas ! ni l'un ni l'autre n'ont vécu, le vœu du laboureur n'a pas été exaucé. Quand Voltaire apprit la chute de Turgot, il désespéra. « Je ne vois, écrivit-il, que la mort devant moi depuis que M. Turgot est hors de place. Ce coup de foudre m'est tombé sur la cervelle et sur le cœur. » Et aussitôt il adresse au ministre tombé l'*Épître à un homme*, un des derniers accents de sa verte vieillesse, car il avait alors plus de quatre-vingts ans.

Pendant que ces scènes orageuses se passaient en France, du modeste village de Kirkcaldy sortait paisiblement le fruit de dix années de méditations, et sans descendre dans la même arène, l'œuvre de Smith allait consommer à jamais la conquête imparfaitement réalisée par Turgot. Ce grand travail fit d'abord peu de bruit en France, où s'agitaient bien d'autres passions ; mais il fut accueilli en Angleterre avec admiration. Au moment où la haine s'acharnait chez nous sur le nom des économistes, la même doctrine prenait possession chez nos voisins des esprits éclairés, et pénétrait sans combats dans l'opinion publique. Telle est trop souvent la différence entre les grands hommes des deux pays : ici, on les repousse et on les brise ; là, on les respecte et on les écoute. De là aussi la différence de destinées entre les deux peuples : l'un qui grandit sans interruption et presque sans orages, l'autre qui ne peut faire un pas sans convulsion.

Toute la théorie d'Adam Smith se trouve contenue dans cette phrase qui fait le début de son livre : « Le travail annuel d'une nation est le fonds qui fournit à sa consommation annuelle toutes les choses nécessaires et commodes à la vie, et ces choses sont, ou le produit immédiat de ce travail, ou achetées des autres nations avec ce produit. » Cette proposition fondamentale, devenue aujourd'hui à peu près vulgaire, était loin de l'être au moment où elle a paru. Si tous les écrits qu'elle a inspirés, sans en excepter ceux de Smith, périssaient dans un grand naufrage et que cette phrase unique surnageât, elle suffirait pour reconstruire de toutes pièces la science économique, dont elle est l'élément générateur. On avait beaucoup cherché avant Smith l'origine de la richesse ; les uns l'avaient trouvée dans les métaux précieux, les autres dans la terre, personne n'était arrivé à cette formule si nette : *toute richesse émane du travail*, c'est-à-dire de l'homme. Ce fut une véritable découverte qui dissipa d'un trait de lumière toutes les obscurités. Le travail ! voilà le principe de l'économie politique de Smith, comme la sympathie est le principe de sa morale, et le moraliste le plus rigide approuverait encore plus cette doctrine que la première, car le travail est une loi, un devoir, une nécessité supérieure, un frein imposé par Dieu à nos passions et à nos convoitises.

Le premier livre des *Recherches* traite du travail et de ses produits, considérés sous deux points de vue principaux, la production et la distribution. La première partie commence par le célèbre chapitre sur *la Division du travail*. Adam Smith frappe tout d'abord son plus grand coup ; il saisit fortement les esprits par le spectacle des merveilles que peut enfanter cette division. Tout le monde connaît le curieux exemple des épingles qui est devenu classique, et qui fut dans son temps une révélation. Depuis lors, la division du travail a fait d'immenses progrès, et les exemples à citer sont devenus innombrables.

Cette belle théorie, une de celles qui appartiennent le plus en propre au philosophe écossais, a trouvé chez nous, au commencement de ce siècle, quelques contradicteurs. On n'a pas nié les effets de la division du travail sur la production, ce qui eût été impossible, mais on a déploré sa mauvaise influence sur l'intelligence et la santé des travailleurs. « Qu'est-ce qu'un homme, a-t-on dit, qui passe sa vie à faire des têtes d'épingle ou des pointes d'aiguille ? Son esprit et son corps ne peuvent que s'atrophier dans cette occupation mécanique qui n'exige que de l'habitude sans pensée et de l'assiduité sans effort. » L'observation est vraie à quelques égards, tout a des inconvénients dans ce monde ; mais s'il faut veiller avec soin sur les suites funestes que peut avoir accidentellement l'application des meilleurs principes, il ne faut pas non plus que quelques résultats malheureux nous cachent les bons côtés des choses qui font cent fois plus de bien que de mal. Or telle est la proportion entre les bons et les mauvais effets de la division du travail, et l'expérience a fini par le démontrer avec tant de force que les appréhensions contraires se taisent aujourd'hui. La division du travail conduit directement, comme Smith l'avait remarqué d'avance, à l'emploi des machines, l'emploi des machines à la hausse des salaires et au bon marché des produits la hausse des salaires combinée avec le bon marché des produits à l'amélioration matérielle de la condition des travailleurs, l'amélioration matérielle à la culture de l'intelligence, la culture de l'intelligence à l'élévation des idées et des sentiments. Tous les anneaux de cette chaîne ne sont pas si étroitement liés ensemble qu'ils ne se brisent quelquefois, et ces interruptions douloureuses réclament toute l'attention des *rattacheurs*, s'il est permis d'emprunter cette image et ce mot à la mécanique industrielle ; mais l'ensemble fonctionne admirablement.

De la division du travail dans le même atelier, l'esprit passe naturellement à l'application du même principe d'un atelier à l'autre et même d'un pays à un autre pays. Adam Smith, poursuivant son analyse, voit la cause première de la division du travail dans le penchant qui porte les hommes à trafiquer entre eux, et il arrive à sa seconde maxime : *La division du travail est bornée par l'étendue du marché.* Certes, s'il est un fait incontestable, c'est celui-là. À mesure que le marché se resserre, dans un village par exemple, nous voyons un seul homme obligé d'exercer à la fois plusieurs métiers, et par conséquent de les faire mal ; à mesure que le marché s'étend, dans une capitale comme Londres ou Paris, nous voyons les spécialités se diviser d'elles-mêmes et chaque branche d'industrie se perfectionner en se séparant. C'est pourtant ce principe si évident par lui-même qui a soulevé contre l'économie politique le plus d'emportements, car c'est celui qui conduit à la liberté des échanges entre tous les habitants d'une commune, entre toutes les communes d'une province, entre toutes les provinces d'un état, entre, tous les états de l'univers. À chaque pas, le marché s'agrandit, et la division du travail s'accroît, ainsi que le démontrera plus tard J.-B. Say dans sa théorie des débouchés.

La seconde partie du premier livre, qui traite du mode de distribution des produits, se présente avec moins de netteté que la première. La pensée de Smith est d'abord obscure et confuse, et lui-même le sent, car il s'excuse de n'être pas plus clair ; mais peu à peu les idées se dégagent du voile qui les enveloppe, et l'analyse savante reparaît. Cette notion qui a tant de peine à se faire jour n'est rien moins que celle de la *valeur* (*value*), la plus abstraite de l'économie politique. Smith entre en matière par sa fameuse distinction entre la *valeur en usage* et la *valeur en échange*, acceptée et développée depuis par la plupart des économistes, notamment par Rossi, qui en a fait le sujet de toute la première partie de son cours. Le prix *réel* (*real price*) de chaque chose, c'est le travail qu'il faut s'imposer pour l'obtenir. Ce que chaque chose vaut réellement pour celui qui l'a acquise et qui cherche à en disposer, c'est la peine que cette chose peut lui épargner et qu'elle lui permet d'imposer à d'autres. Ce n'est point avec de l'or ou de l'argent, c'est avec du travail que toutes les richesses du monde ont été achetées originairement, et la valeur de ces richesses pour ceux qui en possèdent est précisément égale à la quantité de travail qu'elles les mettent en état d'acheter ou de commander. Le travail est donc la seule mesure qui puisse servir dans tous les temps et dans tous les lieux à apprécier la valeur des choses : il est leur prix *réel*, l'argent n'est que leur prix *nominal*.

Pour bien comprendre l'utilité de ces distinctions, il faut se rappeler les opinions qui avaient cours au moment où s'écrivait la *Richesse des nations*. Peuples et gouvernements étaient également imbus de cette idée que la seule richesse était l'or et l'argent ; la distinction entre la valeur en usage et la valeur en échange, entre le prix réel des choses et le prix nominal, n'avait d'autre but que de leur montrer le contraire. « Les vraies *richesses*, répète Smith sous toutes les formes, sont les produits nécessaires ou commodes à la vie, et leur véritable valeur vient de l'usage qu'on peut en faire ; leur valeur d'échange n'en est que l'expression. » Cette théorie de la valeur n'est pas tout à fait complète, mais elle suffit pour le but que se proposait l'auteur. Puis il reproduit de nouveau la même idée dans la distinction entre le *prix naturel* et le *prix du marché*, et il développe à ce sujet une des plus lumineuses formules de l'économie politique, celle de l'offre et de la demande, ou, comme disent plus énergiquement les Anglais, de la commande et de la fourniture (*command, and supply*).

Hâtons-nous de sortir de cette métaphysique économique, qui n'a pas aujourd'hui la même importance qu'à l'origine de la science, et arrivons à des applications positives. Smith distingue dans le prix des choses trois parts : celle qui sert à rémunérer le travail proprement dit de l'ouvrier et qu'il appelle salaires du travail (*wages of labour*), celle qui sert à payer le corps des instruments de travail et qu'il appelle profits du capital (*profits of stock*), et enfin, dans la plupart des marchandises du moins, celle qui sert à payer le loyer du sol lui-même et qu'il appelle rente de la terre (*rent of land*). C'est par ces trois voies que le prix se distribue entre les différents membres de la société : salaire, profit et rente, voilà les sources de tout revenu comme de toute valeur échangeable.

En traitant séparément du salaire et du profit, Adam Smith constate ce double fait, que dans une société qui s'enrichit, les salaires vont naturellement en *haussant* par l'effet d'une *demande* croissante de travail, et les profits des capitaux en *baissant*, par suite de la multiplication et conséquemment de l'*offre* croissante des capitaux ; on ne peut que recommander la lecture de ce passage à ceux qui nous représentent chaque jour la hausse artificielle de l'intérêt pour quelques placements privilégiés comme un signe de prospérité nationale. Il montre ensuite comment les uns et les autres sont soumis à des inégalités naturelles par suite du plus ou moins de difficulté du travail, du plus ou moins de satisfaction morale, du plus ou moins de risque, etc. Chacune de ces considérations prise à part donne lieu à d'intéressants développements, mais elles s'évanouissent toutes devant la considération suprême qui les termine : *Des inégalités causées dans les salaires et dans les profits par la politique générale de l'Europe*. C'est en effet ici que vient se poser en face des anciens privilèges ce qu'on peut appeler le principe des principes : *la liberté du travail*. « La plus sacrée et la plus inviolable des propriétés, dit Smith, est celle de son propre travail, parce qu'elle est la source originaire de toutes les autres. Le patrimoine du pauvre est dans sa force et dans l'adresse de ses mains, et l'empêcher d'employer cette force et cette adresse de la manière qu'il juge la plus convenable, tant qu'il ne porte de dommage à personne, est une violation manifeste de cette propriété primitive. C'est une usurpation criante sur la liberté légitime, tant de l'ouvrier que de ceux qui seraient disposés à lui donner du travail, c'est empêcher à la fois l'un de travailler à ce qu'il juge à propos et l'autre d'employer qui bon lui semble. On peut bien en toute sûreté s'en fier à la prudence de celui qui occupe un ouvrier pour juger si cet ouvrier mérite de l'emploi, puisqu'il y va assez de son propre intérêt. La sollicitude qu'affecte le législateur pour prévenir qu'on n'emploie des personnes incapables est évidemment aussi absurde qu'oppressive. » On reconnaît dans ce passage non-seulement les principes, mais presque les termes du célèbre édit de Turgot publié quelques mois avant les *Recherches*. « Dieu, y est-il dit, en donnant à l'homme des besoins, en lui rendant nécessaire la ressource du travail, a fait du droit de travailler la propriété de tout homme, *et cette propriété est la première, la plus sacrée et la plus imprescriptible de toutes*, etc. »

Voilà dans toute sa simplicité le mot qui a changé le monde et qui le transforme encore tous les jours. Devant lui sont tombés les anciennes corporations, les douanes intérieures, les monopoles par trop excessifs ; devant lui disparaîtront tous les autres obstacles qui s'opposent encore à l'affranchissement du travail, car il n'a fait que la moitié de sa tâche, et ce qui lui reste à faire équivaut au moins à ce qu'il a fait. Devant lui reculent la misère, l'ignorance, le vice et le crime, car, quoi qu'on en dise, le monde s'améliore dans l'ordre moral comme dans l'ordre matériel, et les lenteurs, les éclipses, les retours que subit ce mouvement réparateur, tiennent de près ou de loin aux atteintes que subit encore le grand moteur des sociétés modernes, le principe de liberté.

La question délicate de la rente du sol n'a pas été aussi bien éclaircie par Smith. C'est au contraire à cette partie des *Recherches* que remonte la définition de la rente, qui, reprise plus tard et développée par Ricardo, a jeté sur ce sujet une si déplorable confusion. Smith, comme Ricardo et tous les économistes anglais, entend uniquement par rente le prix payé au propriétaire (*landlord*) pour la jouissance de la puissance productive naturellement inhérente au sol ; mais ce n'est pas là tout le sens que l'usage attache au mot *rente*. On entend ordinairement par ce mot, et Smith lui-même s'en sert dans ce sens, toute espèce de rétribution payée au propriétaire pour la jouissance, soit du sol proprement dit, soit de tous les capitaux incorporés au sol, comme clôtures, bâtiments, défrichements, fumures, amendements, chemins, etc. Smith a bien eu le sentiment de cette confusion, il n'a malheureusement pas cru devoir s'y arrêter. L'habile auteur de *la Richesse des Nations* aurait épargné à ses successeurs bien des tortures d'esprit et à la science économique bien des écarts, si, insistant davantage sur cette idée, il avait adopté des mots différents pour désigner des choses différentes. À vrai dire, il en faudrait trois. Le mot générique de rente devrait être employé, suivant l'usage universel, pour désigner l'ensemble de la rétribution payée au propriétaire ; puis cette notion devrait se diviser en deux : le prix payé pour l'usage de la faculté productive naturelle au sol et le prix payé pour l'usage des améliorations incorporées ; l'un pourrait s'appeler rente *naturelle* ou gratuite, et l'autre rente *acquise* ou capitalisée. La première de ces deux rentes recule avec le temps, et finit presque toujours par disparaître dans la seconde. En se servant d'un seul mot pour ces trois significations, on a conduit quelques esprits ardents à de monstrueuses erreurs, entre autres à la négation plus ou moins formelle du droit de propriété, ce qui aurait fort épouvanté l'honnête philosophe de Kirkcaldy, s'il avait pu s'en douter.

Cette observation n'est pas la seule que suscite cette partie des *Recherches*. Le principal défaut de ce puissant ouvrage, ce qui en rend la lecture difficile pour quiconque n'y apporte pas une attention opiniâtre, c'est la longueur des digressions. À propos de cette étude sur la rente de la terre, matière assez ardue par elle-même, l'auteur se jette tout à coup, sans qu'on puisse saisir la liaison des idées, au moins au premier abord, dans une dissertation à perte de vue sur les variations de la valeur de l'argent (*silver*) depuis le xive siècle. Cette discussion historique abonde, comme tout ce qu'a écrit Smith, en recherches curieuses et en aperçus profonds, mais elle est hors de proportion avec l'étendue totale du premier livre, dont elle forme environ le tiers. Le sujet eût mérité un ouvrage à part, car il en est peu de plus obscurs, même aujourd'hui, et bien qu'il ait pris depuis plusieurs années un intérêt de circonstance par l'affluence inusitée de l'or qui nous arrive des nouveaux mondes. Malgré ces défauts d'ordonnance, le premier livre de *la Richesse des nations* est le magnifique portique d'un magnifique monument. L'économie politique est déjà là tout entière ; les successeurs de Smith pourront mettre plus d'ordre et de méthode dans leur exposition, éclaircir quelques points obscurs, démêler quelques confusions, développer des applications de détail : ils ne changeront rien aux bases qu'il a posées, d'accord avec Turgot.

Section III

Le second livre est consacré aux capitaux. Pour exprimer l'idée que nous attachons au mot *capital*, Smith se sert de deux termes, *stock* et *capital*. *Stock* est un mot de la langue anglaise dont nous n'avons pas l'équivalent et qui signifie toute espèce d'approvisionnements, qu'ils soient destinés à être consommés ou à servir d'instruments de production ; le mot *capital* est réservé pour désigner la partie du *stock* qui sert à la production. Ainsi voilà cent hectolitres de blé, dont la réunion forme un *stock* ; on en retire dix hectolitres pour la semence, c'est un *capital*. Il faut avouer que cette langue est plus claire et plus précise que la nôtre. Après cette première distinction entre le fonds de consommation et le fonds de production d'un pays, Smith en établit une autre non moins importante entre les capitaux *fixes* et les capitaux *circulants*. Que de nations et de particuliers ont mal tourné, pour n'avoir pas assez compris ces simples différences entre le fonds de production et le fonds de consommation, entre le capital fixe et le capital circulant, et pour avoir trop sacrifié l'un à l'autre ! La notion du capital circulant conduit naturellement à la théorie de la circulation (*currency*). L'argent monnayé (*money*) est, d'après l'heureuse expression de Smith, *la grande roue de la circulation*, c'est là son véritable rôle. Par lui, les capitaux peuvent passer rapidement de main en main et multiplier par leur mouvement autant que par leur quantité leur puissance productive. Quand ce mouvement s'accélère, l'or et l'argent peuvent être remplacés dans une certaine mesure par le papier : la circulation s'établit alors sur une seconde roue, qui coûte beaucoup moins à fabriquer ou à entretenir que l'ancienne ; mais comment et à quelles conditions cette substitution est-elle possible ? Ici l'auteur expose admirablement la théorie des banques en général et des banques d'Écosse en particulier ; cette partie des *Recherches* est à bon droit une des plus célèbres, ceux qui accusent l'économie politique d'imprudence aventureuse n'ont qu'à la lire pour se détromper.

Une assez vive polémique s'est élevée parmi les économistes sur une nouvelle distinction introduite par Smith entre le travail *productif* et le travail *improductif*. Il n'y aurait, d'après lui, de travail productif que celui qui, s'incorporant aux choses, leur donne une valeur plus grande, comme le travail du cultivateur et de l'ouvrier ; tous ceux dont le travail n'ajoute rien à la valeur des objets matériels, comme les savants, les médecins, les administrateurs, les militaires, les hommes de loi, seraient des travailleurs improductifs. La rigueur de ce langage a blessé les disciples les plus respectueux de l'illustre maître. J.-B. Say a essayé d'y échapper par une nouvelle classification des produits en *matériels* et *immatériels*, et de nos jours M. Dunoyer a renouvelé la protestation de Say en la précisant davantage. Adam Smith a été évidemment trop loin dans les termes ; mais il ne paraît pas nécessaire, pour rectifier ce que son langage a de trop absolu, de changer la signification du mot *produits* et de l'étendre à des objets non matériels. Il suffit d'admettre, ce qui est vrai, que les arts qui agissent sur les personnes peuvent contribuer à la production tout autant que ceux qui agissent sur les choses, mais d'une façon différente, en ce sens que si les seconds seuls font des produits, les premiers peuvent servir à former ou à entretenir des *producteurs*. La spécialité de la science économique à l'égard des autres branches des sciences morales et politiques reste alors entière, et les travaux immatériels ne rentrent dans son domaine qu'autant qu'ils se réalisent directement ou indirectement dans des produits matériels utiles. Quant à la distinction elle-même, elle est fondamentale comme toutes celles de Smith, et il n'y a véritablement de travail *productif*, au point de vue économique, que celui qui crée de l'utilité.

Ce qui importe ici, ce que voulait l'auteur des *Recherches*, c'est bien établir l'existence d'occupations tout à fait improductives, afin de signaler et d'écarter autant que possible les parasites de tout ordre qui vivent aux dépens du travail et du capital d'autrui. Le tort est d'avoir étendu à tout un ordre de fonctions ce qui n'est vrai que de l'abus. Say lui-même, qui a rectifié en partie cette confusion, l'a partagée et même aggravée en admettant que les produits immatériels, comme il les appelle, s'évanouissent à mesure qu'ils se créent et ne font pas partie du capital accumulé de la société. M. Dunoyer seul a poussé jusqu'au bout l'éclaircissement. Non-seulement le juge, le soldat, le médecin, le prêtre, le savant, contribuent à la production matérielle quand ils font bien leur devoir, en favorisant la sécurité, la propriété, la santé, la moralité, l'habileté des producteurs proprement dits ; mais les fruits de leur travail ne s'évanouissent pas à mesure qu'ils se créent, et constituent par leur accumulation un capital particulier, le capital intellectuel et moral de la société. Ce capital même, loin d'être le moins utile, exerce sur la production une influence plus puissante que le capital matériel, et s'il fallait choisir dans un cataclysme ce qu'on devrait sauver avant tout pour assurer la prompte renaissance de la production, les dépositaires des lumières et des mœurs devraient passer les premiers, car l'esprit, armé des conquêtes séculaires de la civilisation, aurait bien plus vite reconquis son action sur la matière que la matière même la plus riche n'aurait de nouveau dégagé la puissance féconde de l'esprit. Quand on remonte à l'origine de la production, on retrouve l'intelligence humaine ; ce fait est sous-entendu par Smith dans sa théorie du travail, mais il ne l'a peut-être pas suffisamment exprimé.

Après ces prémisses, il n'a pas de peine à définir clairement ce qui se passe dans le prêt à intérêt. Les hommes les plus éminents du siècle, Locke et Montesquieu, ayant commis l'erreur de croire que l'augmentation survenue dans la quantité de l'or et de l'argent, par suite de la découverte des Indes, avait été la cause qui avait fait baisser en Europe le taux de l'intérêt, Smith démontre que c'est le plus ou moins d'instruments de travail et le plus ou moins de produits obtenus avec ces instruments, non le plus ou moins de monnaie, qui fait hausser ou baisser l'intérêt. Cette démonstration répond aux scrupules des casuistes qui repoussaient le prêt à intérêt en se fondant sur ce fait, que l'argent ne produisait rien par lui-même ; ce n'est pas l'argent qui produit, c'est le capital qu'on se procure avec cet argent. On voit aussi poindre dans ce chapitre la doctrine, qui sera plus tard développée par Bentham, de la légitimité de tout intérêt conventionnel ; mais Smith, toujours respectueux pour les lois écrites, ne l'émet qu'avec une extrême réserve, et on peut affirmer que, tout en partageant le fond des idées, il n'aurait pas approuvé le titre paradoxal et choquant de l'ouvrage de Bentham : *Défense de l'usure*.

Passant aux différentes manières d'employer les capitaux, Smith en distingue quatre : l'agriculture, les manufactures, le commerce en gros et le commerce de détail. Chacune de ces quatre méthodes d'employer un capital lui paraît essentiellement nécessaire tant à l'extension des autres qu'à la commodité générale de la société ; mais celle qu'il préfère comme la plus avantageuse, c'est l'agriculture : aucun capital, à quantité égale, ne lui paraît mettre en activité plus de travail productif que celui des cultivateurs. Ensuite vient le capital des manufacturiers, puis celui des commerçants à l'intérieur, tant en gros qu'en détail ; le moins productif de tous lui paraît celui qui sert au commerce avec l'étranger. On s'étonnera peut-être de cet ordre, mais il est essentiel aux yeux du patriarche de l'économie politique. Dans le cours naturel des choses, c'est l'agriculture qui doit occuper le premier rang parmi les industries humaines, soit par l'abondance de ses produits, soit par les profits qu'elle procure aux capitaux, et si le contraire arrive trop souvent, c'est que l'ordre naturel est interverti par une mauvaise organisation. Enfant d'un pays agricole, Smith manifeste pour l'agriculture une prédilection marquée ; il constate que dans les pays neufs, comme en Amérique, où rien n'a encore faussé l'ordre naturel, l'agriculture crée rapidement d'immenses richesses. C'est la même doctrine que soutenaient alors les économistes français.

Le défaut général de proportion dans la composition des *Recherches* se fait surtout sentir dans le troisième livre, qui n'est tout entier qu'une digression historique. Fidèle à cette idée première que si le cours des choses n'était point dérangé par les institutions humaines, les hommes préféreraient la vie des champs comme la plus naturelle et là plus productive, et ne s'enfermeraient dans les villes qu'autant que la campagne ne suffirait plus à leur activité, Smith se demande comment cet ordre a pu être si généralement bouleversé dans l'Europe moderne, et il voit la cause de cette anomalie dans les événements qui ont suivi la chute de l'empire romain. Pour échapper aux déprédations des Barbares et des chefs féodaux qui leur ont succédé au moyen âge, les populations ont trouvé un refuge dans les villes ; les campagnes sont restées au contraire exposées à tous les ravages. Ainsi formées et développées par la force des circonstances, les villes ont réagi sur les campagnes, et au lieu d'être un effet de la culture, le commerce et les manufactures en sont devenus l'occasion et la cause. En traçant ainsi à grands traits l'histoire des villes et des campagnes en Europe, Smith passe rapidement en revue les différents modes d'exploitation du sol, comme le fermage, le métayage, la corvée, le servage. Ce qui est surtout digne de remarque, c'est son opinion sur le droit d'aînesse et les substitutions ; contrairement aux idées qui ont prévalu depuis en Angleterre, il se déclare, partisan de l'égalité des partages, et n'hésite pas à attribuer au droit d'aînesse, aux substitutions, à tout ce qui met obstacle à la division du sol, une mauvaise influence sur l'agriculture. C'est encore la même idée que soutenaient en France les économistes, et sans les violences de la révolution française, qui ont jeté les esprits en Angleterre dans l'excès opposé, elle aurait probablement pris plus de faveur chez nos voisins.

L'ordre essentiel et naturel des sociétés, comme disait en même temps chez nous Lemercier de La Rivière, n'avait pas été seulement interverti par la violence des temps barbares ; il avait encore reçu de fortes atteintes, depuis que l'Europe s'était un peu policée, de la faveur accordée par les gouvernements aux manufactures et au commerce aux dépens de l'agriculture. Smith consacre son quatrième livre presque tout entier à l'examen détaillé de ce système, connu sous le nom de système mercantile. À vrai dire, l'ouvrage entier des *Recherches* n'a pas d'autre but ; le système mercantile résume en effet toutes les erreurs que venait combattre l'économie politique. La cause du système mercantile étant l'éternelle confusion de l'*argent* et de la *richesse*, Smith commence par démontrer qu'une nation peut être pauvre avec beaucoup d'argent et riche avec peu d'argent ; puis il examine les procédés employés pour attirer chez chaque peuple le plus d'argent possible aux dépens de ses voisins, et qui consistaient à diminuer par tous les moyens l'importation des marchandises étrangères pour la consommation extérieure et à favoriser l'exportation au dehors des produits de l'industrie nationale : c'est ce qu'on appelait mettre de son côté la *balance du commerce*. Acheter peu, vendre beaucoup, et combler la différence en argent, voilà l'idéal que recherchaient les gouvernements comme les particuliers, et pour y arriver ils avaient recours, à toute sorte de lois et de règlements qui n'ont pas encore tout à fait disparu de la plupart des législations européennes.

Les arguments de Smith contre cet appareil réglementaire ont été trop souvent reproduits pour qu'il soit nécessaire de les rappeler. Ce sage, ordinairement si calme, perd patience quand il parle des obstacles que rencontrait de son temps la liberté du commerce dans la coalition des intérêts privilégiés. « S'attendre, dit-il, que la liberté de commerce puisse être jamais rendue à la Grande-Bretagne, ce serait une aussi insigne folie que de s'attendre à y voir jamais réaliser la république d'Utopie ou celle d'Oceana. Non-seulement les préjugés du public, mais, ce qui est beaucoup plus impossible à vaincre, un grand nombre d'intérêts privés y opposent un obstacle insurmontable. Il est devenu dangereux d'essayer la plus légère attaque sur le monopole qu'exercent nos manufacturiers. Semblables à une milice toujours sur pied, ils sont devenus redoutables au gouvernement, et dans plusieurs circonstances ils ont effrayé jusqu'à la législation. Un membre du parlement qui appuie les propositions tendant à renforcer le monopole est sûr non-seulement d'acquérir la réputation d'un homme entendu dans les affaires, mais d'obtenir beaucoup d'influence dans une classe de gens à qui leurs richesses donnent une grande importance. Si au contraire il combat ces propositions, ni la probité la mieux reconnue, ni le rang le plus éminent, ni les services les plus distingués, ne le mettront à l'abri des insultes et même des dangers que suscitera contre lui la cupidité trompée de ces insolents monopoleurs. » Ce passage est le seul où Smith se laisse emporter par la colère ; s'il pouvait renaître aujourd'hui, il verrait que ce qui lui paraissait impossible en 1776 s'est pleinement réalisé de nos jours dans son pays. Les intérêts généraux, si longtemps inertes, ont fini par l'emporter sur les coalitions intraitables qui l'effrayaient jusque dans sa solitude, et le développement prodigieux de la richesse nationale a couronné sa mémoire plus qu'il n'avait osé lui-même l'espérer.

Il exprime les mêmes doutes au sujet du *système colonial*, une des conséquences du système mercantile les plus chères de son temps à l'orgueil britannique. Après avoir démontré que les monopoles sont tout aussi nuisibles au commerce avec les colonies qu'avec les autres peuples, il ajoute : « Proposer à la Grande-Bretagne d'abandonner volontairement son autorité sur les colonies et de les laisser libres de se gouverner comme elles l'entendront, ce serait proposer une mesure qui n'a jamais été adoptée et ne le sera probablement jamais par aucune nation du monde. Jamais nation n'a volontairement abandonné l'empire d'une province, quelque embarras qu'elle trouve à la gouverner, quelque faible revenu qu'elle en retire. Si de tels sacrifices sont bien souvent conformes à ses intérêts, ils sont toujours mortifiants pour son orgueil, et ce qui est encore d'une plus grande conséquence, ils sont contraires à l'intérêt privé de ceux qui gouvernent, et qui se verraient par là privés de places honorables et lucratives. À peine si le plus visionnaire des hommes serait capable de proposer une pareille mesure avec la moindre espérance de la voir adopter. Si cependant elle était adoptée, la Grande-Bretagne se trouverait immédiatement affranchie, de la charge annuelle de l'entretien des colonies, et elle ferait avec elles un commerce libre plus avantageux pour la mère-patrie que le monopole dont elle jouit. » Ces paroles s'écrivaient au moment même où commençait la lutte de l'Angleterre contre ses colonies soulevées de l'Amérique du Nord. L'Angleterre n'a pas voulu comprendre le conseil que lui donnait Smith en termes assez clairs ; elle en a été punie par dix années d'une guerre désastreuse qui a failli compromettre son existence comme nation. Depuis l'émancipation des États-Unis, la prédiction sur la supériorité du commerce libre s'est réalisée, et le commerce de la Grande-Bretagne avec ses anciennes colonies a décuplé. De là une tendance marquée en Angleterre à suivre désormais de plus en plus les conseils de Smith et à affranchir progressivement les colonies : encore un succès qui, pour être moins complet que le premier, n'en a pas moins dépassé ses espérances.

Après en avoir fini avec le système mercantile, Smith consacre un chapitre spécial à l'examen de la doctrine des économistes français, qu'il appelle *système agricole* par opposition à l'autre. Au fond, les idées des physiocrates ne différaient des siennes que par une nuance. Les écrivains français sont en général plus nets, plus fermes, plus brillants que les écrivains anglais ; mais ils ont les défauts de ces qualités : ils tombent facilement dans l'exagération systématique. L'école de Quesnay avait voulu, comme Adam Smith, combattre l'école mercantile et y substituer la liberté du travail ; elle avait vu, comme lui, que l'agriculture était la première des industries, et qu'une fausse notion de la richesse avait pu seule la reléguer au dernier rang ; mais elle ne s'était pas contentée de cet aperçu parfaitement juste, elle avait été jusqu'à soutenir que le travail agricole était le seul *productif*, le seul qui ajoutât quelque chose à la richesse de la société. Adam Smith n'a pas de peine à réfuter cette exagération : il démontre que les manufactures et le commerce *produisent* aussi bien que l'agriculture, quoiqu'à un moindre degré ; mais il y a loin du ton affectueux et même respectueux qu'il porte dans cette discussion à la vivacité qu'il a mise dans son jugement sur le système opposé. Il avait beaucoup connu les principaux physiocrates dans son voyage à Paris, il avait profité de leurs conversations et de leurs écrits, et il a dit lui-même que si Quesnay avait vécu en 1776, il lui aurait dédié *la Richesse des Nations*. C'est qu'en effet la dissidence est secondaire et la conformité essentielle : la dissidence eût été profonde, si les physiocrates avaient demandé en faveur de l'agriculture les privilèges que réclamait l'école mercantile pour le commerce et les manufactures ; mais, convaincus qu'il suffisait de la liberté naturelle pour remettre les choses à leur place, ils se trouvaient complètement d'accord avec Smith sur le point capital.

Section IV

Après les violences des temps barbares et les prohibitions de l'école mercantile, il reste encore un moyen pour les gouvernements de troubler l'ordre bienfaisant établi par Dieu pour le développement de la richesse : ce moyen, c'est l'impôt. Payé par tous, l'impôt doit être dépensé au profit de tous ; sinon, il devient un instrument puissant de spoliation des faibles par les forts, il détourne les capitaux des emplois utiles qu'ils rechercheraient d'eux-mêmes, pour les perdre dans les emplois improductifs. Il ne reste donc plus à Smith, pour avoir terminé son œuvre, que de déterminer dans quels cas les dépenses publiques sont légitimes, et dans quels cas elles cessent de l'être. Le cinquième et dernier livre aborde ce sujet, qui a toujours été la pierre d'achoppement entre les économistes et les gouvernements. Ce livre se divise en trois parties : 1° quelles sont les dépenses qui doivent être à la charge de l'état ? 2° quels sont les meilleurs systèmes d'impôt pour y subvenir ? 3° que faut-il penser des dettes publiques ?

Le philosophe, écossais ne reconnaît, à vrai dire, que deux sortes de dépenses nécessairement confiées à l'état : celles qu'exige la défense commune, celles qui servent à soutenir la dignité du souverain. Avec un pareil principe, l'état perdrait en France les trois quarts de ses attributions ; mais il faut se rappeler que Smith écrivait en Écosse, c'est-à-dire dans un pays où les attributions de l'état sont restées à peu près telles qu'il les a définies. S'il avait vécu en France, où d'autres habitudes ont prévalu, il eût probablement, avec son esprit pratique et circonspect, un peu modifié ses conclusions. Ce qui permet de le croire, c'est qu'il n'exclut pas absolument l'intervention de l'état dans les dépenses qu'exigent l'administration de la justice, le culte, l'instruction, les travaux publics. « Ces diverses dépenses intéressant, dit-il à plusieurs reprises, l'avantage commun de la société, *il n'y aurait rien de déraisonnable* à les défrayer en tout ou en partie au moyen d'une contribution générale. » Mais à coup sûr, en cédant sur quelques détails, il aurait maintenu son principe, surtout s'il avait pu voir les progrès de cette centralisation effrénée qui tend de plus en plus à tout absorber chez nous.

Le chapitre sur l'organisation de la défense commune est tout entier consacré à démontrer la supériorité des armées permanentes sur les milices. Toujours imbu de son grand principe de la division du travail, Adam Smith s'attache à prouver que le métier de soldat, comme tous les métiers possibles, ne peut être bien fait que par ceux qui s'y adonnent spécialement. Il va même jusqu'à chercher la proportion acceptable entre le nombre des soldats et le chiffre total de la population, et il accorde le centième. Sur cette base, la France, qui a 36 millions d'habitants, aurait une armée permanente de 360,000 hommes. On voit que ces idées n'ont rien de bien radical, et qu'elles peuvent être acceptées sans beaucoup de difficulté par les militaires eux-mêmes. S'il y a quelque chose à redire, c'est que Smith ne paraît pas assez préoccupé des dangers que peut avoir un instrument de force aussi puissant qu'une armée régulière bien organisée. Ces dangers sont au dedans la compression des libertés les plus légitimes, et au dehors l'entraînement vers les guerres les plus injustes. Smith voit dans les mœurs et les lumières des sociétés modernes le seul remède possible à ces maux, et il pourrait avoir raison ; mais il eût bien fait d'insister davantage, car le remède n'est pas toujours infaillible.

Il se montre beaucoup plus défiant à propos de l'administration de la justice. Il veut avant tout l'indépendance absolue du pouvoir judiciaire, comme constituant la seule garantie de la sécurité personnelle et de la propriété. « Quand le pouvoir judiciaire, dit-il, est réuni au pouvoir exécutif, il n'est guère possible que la justice ne se trouve souvent sacrifiée à ce qu'on appelle vulgairement des considérations politiques. Pour que chaque citoyen se sente parfaitement assuré dans la possession de ses droits, il ne suffit pas que le juge ne puisse être *déplacé* arbitrairement, à la volonté du pouvoir exécutif ; il faut encore que le paiement régulier de son salaire ne dépende pas de ce pouvoir. » Sa jalouse susceptibilité va jusqu'à dire qu'une dotation en propriétés ou en capitaux, dont les corps judiciaires auraient l'administration, vaudrait mieux pour eux que des traitements payés par l'état ; il regrette évidemment que le paiement des frais de justice ne puisse pas être demandé aux plaideurs eux-mêmes, suivant l'ancien usage, sans s'exposer à de graves abus, et il aurait un penchant marqué pour les fonctions judiciaires gratuites, comme le sont en Angleterre celles des juges de paix.

Il admettrait plus volontiers que l'ouverture et l'entretien des routes fussent défrayés par une contribution générale. Cependant, comme cette dépense profite plus immédiatement à ceux qui voyagent sur ces routes ou y transportent des marchandises, il ne voit pas d'inconvénient à y subvenir au moyen de droits de barrière ou de péage, comme en Angleterre et en Hollande. Ce système n'a pas prévalu en France pour les routes de terre, mais c'est au fond celui qui l'a emporté pour les chemins de fer et pour les canaux. On peut encore en signaler des traces dans nos droits de tonnage, de navigation, et dans quelques autres droits spéciaux. Au surplus, Smith préfère de beaucoup une administration locale pour les chemins à une administration générale, et il cite à ce sujet l'exemple de la France. « Dans ce pays, dit-il, où, depuis les progrès du despotisme, l'autorité centrale s'empare de tout, les chemins sont dans chaque province sous l'autorité de l'intendant, officier nommé et révoqué par le roi. Il en résulte que les grandes routes de poste, qui font la communication entre la capitale et les principales villes du royaume, sont assez bien entretenues ; quelques-unes même peuvent être regardées comme supérieures à la plupart de nos routes à barrières ; mais ce que l'on appelle *chemins de traverse* c'est-à-dire la presque totalité des chemins du pays, sont absolument négligés et impraticables. Le ministre orgueilleux d'une cour fastueuse se plaira à faire exécuter un ouvrage magnifique qui soutiendra son crédit à la cour ; mais ordonner beaucoup de ces petits travaux qui n'attirent pas les regards et qui n'ont de recommandable que leur extrême utilité, c'est une chose trop mesquine et trop misérable pour fixer l'attention d'un magistrat de cette importance. » L'institution des routes départementales et la loi de 1836 sur les chemins vicinaux ont répondu en partie à cette critique ; mais il s'en, faut de beaucoup que le mal signalé ait tout à fait disparu, et plusieurs pays de l'Europe qui n'ont pas subi la même concentration administrative sont en avance sur nous pour leurs communications.

À ce propos, Smith se jette dans une de ses digressions habituelles sur les compagnies privilégiées en général, et sur la compagnie des Indes en particulier. Cette dissertation était d'un intérêt tout anglais avant l'établissement en France de grandes compagnies du même genre pour la banque, les chemins de fer, le crédit mobilier, etc. Avec sa modération ordinaire, il ne se montre pas opposé au principe du monopole comme moyen d'encourager à son début une entreprise coûteuse et incertaine dont le public doit profiter, et il assimile le privilège accordé en pareil cas à celui des inventeurs ; mais il a soin d'établir en même temps que ce privilège doit être temporaire et rigoureusement limité à la plus courte durée possible. On avait suivi ses préceptes dans les concessions de chemins de fer faites en France avant 1848, puisqu'on les avait limitées pour la plupart à cinquante années ; on en a doublé depuis la durée, et on a même admis bien d'autres exceptions aux prescriptions de l'auteur des *Recherches*.

Ses idées sur l'instruction publique et sur le culte s'éloignent tout à fait de nos habitudes. Non-seulement, suivant lui, l'enseignement ne doit pas être donné par l'état, mais il se montre peu favorable à l'existence d'universités indépendantes et riches, comme celles d'Oxford et de Cambridge. Tout professeur dont le traitement est assuré, quel que soit le nombre de ses élèves, lui paraît naturellement disposé à remplir son devoir avec négligence. Ceux même qui s'acquittent avec conscience de leurs fonctions n'ont aucun intérêt à enseigner des choses vraiment utiles, vraiment appropriées aux besoins de la société ; ils ne peuvent être avertis par personne, quand ils font perdre le temps de leurs élèves en études surannées, inutiles ou même dangereuses. On jugera sans doute que Smith pousse ici un peu loin l'amour de la concurrence. Il fait cependant une exception pour l'éducation populaire. Le peuple n'ayant pas toujours les moyens de payer lui-même tous les frais de son instruction, l'état peut lui faciliter l'acquisition des connaissances les plus essentielles, et même au besoin la lui *imposer*. Il suffit pour cela d'établir dans chaque paroisse une petite école où les enfants du peuplé soient instruits pour le salaire le plus modique, le maître étant en partie, *mais non en totalité*, rétribué par l'état. On reconnaît ici l'Écossais, car l'Écosse est le pays de l'Europe qui aie plus anciennement organisé l'instruction populaire. Quant à nous, si nous nous sommes séparés du philosophe de Kirkcaldy pour l'enseignement secondaire et supérieur, notre loi de 1833 sur l'instruction primaire se rapproche de ses idées.

Pour le culte, un pays catholique comme le nôtre a nécessairement peu de rapports avec un pays protestant et presbytérien comme l'Écosse. Il faut avouer d'ailleurs que ce sujet n'est guère du domaine de l'économie politique. Il n'y a pas de question plus grave que celle des rapports de l'église et de l'état, et qui ait reçu plus de solutions diverses suivant les religions et les gouvernements. David Hume avait dit ironiquement quelque part qu'une église bien dotée avait cet avantage, que le clergé s'acquittait de ses fonctions avec indolence et n'était pas trop animé de l'esprit de prosélytisme ; Adam Smith se plaît à reproduire cette épigramme, dirigée surtout contre l'église d'Angleterre, ce qui ne l'empêche pas de conclure en faveur de l'organisation presbytérienne. « L'église la plus opulente du monde chrétien ne maintient pas mieux, dit-il, l'uniformité de croyance, la ferveur de dévotion, l'esprit d'ordre et la sévérité des mœurs dans la masse du peuple, que cette église d'Écosse, si pauvrement dotée. »

On lui a reproché de n'avoir pas dit un mot de la bienfaisance publique ; c'est qu'évidemment, dans son opinion, l'assistance n'est bien donnée que par la charité privée, ou tout au moins par des institutions particulières indépendantes. Il jugeait sévèrement la taxe des pauvres, et il s'en est expliqué nettement dans une autre partie des *Recherches* à propos de la règle du domicile (*settlement*), car Malthus est loin d'être le premier qui ait signalé les dangers de la charité légale. Avant Smith lui-même, le vieux Daniel Defoë les avait nettement indiqués dans un pamphlet vigoureux ayant pour titre *Aumône n'est pas charité (Giving alms no charity)*. Établie en Écosse à peu près vers le même temps qu'en Angleterre, la taxe des pauvres n'y avait jamais pris la même extension : le bon sens naturel et l'esprit d'économie de la nation l'avaient maintenue dans des limites à peu près insignifiantes ; le nombre des indigents s'était réduit dans la même proportion. Avec ce modèle devant les yeux, il était assez naturel de n'en pas parler comme d'un devoir essentiel de l'état. En résumé, Smith se montre très sévère, trop sévère peut-être, en fait de dépenses publiques ; mais l'excès contraire a tant d'attrait, qu'on ne saurait trop l'en blâmer. « Il ne faut point, avait dit avant lui Montesquieu, prendre au peuple sur ses besoins réels pour des besoins de l'état imaginaires. Ces besoins imaginaires sont ce que demandent les passions et les faiblesses de ceux qui gouvernent, le charme d'un projet extraordinaire ; l'envie malade d'une vaine gloire, et une certaine impuissance d'esprit contre les fantaisies. »

Ce qui touche aux revenus publics soulève moins de controverses. Smith y trace de main de maître les conditions qui peuvent rendre l'impôt plus juste, plus égal, plus facile à percevoir. Quand on songe à ce qu'était alors partout la constitution des impôts, établis et perçus au hasard, on s'étonne de ce qu'il a fallu de réflexion et de perspicacité pour créer de toutes pièces, une nouvelle théorie. À la lumière de ce flambeau, Smith passe en revue les contributions existantes, soit en Angleterre, soit dans le reste de l'Europe, sans en excepter les douanes, car s'il les condamne comme moyen de gêner la liberté du travail, il les accepte comme ressource fiscale. Cette partie de son livre a vieilli par son succès même, puisque l'assiette des impôts a été généralement remaniée d'après ses principes. Il parle des finances de tous les états en financier consommé. Sa critique s'exerce particulièrement sur le mode de taxation alors connu en France sous le nom de *taille personnelle*, et dont il analyse parfaitement les inconvénients. La plupart de ses indications, mises en pratique, ont augmenté partout les revenus publics, tout en diminuant, du moins en apparence, les charges des contribuables. Tel est, par exemple, le système des adoucissements successifs d'impôt sur les objets de consommation, qui réussit de nos jours si bien en Angleterre. Nul doute qu'il n'y ait encore beaucoup à tirer de cette mine, dont on a pourtant beaucoup tiré ; mais on ne sait vraiment si on doit le désirer. Avec cet art habile de l'impôt, on est parvenu à faire payer à la France et à l'Angleterre des budgets de 1,800 millions, et bientôt sans doute de 2 milliards. Il devient de plus en plus difficile d'administrer utilement de si gros revenus, même pour les gouvernements les plus soumis au contrôle vigilant de la liberté politique. Qu'en dirait Smith, lui qui trouvait déjà lourd de son temps un budget de 250 millions ?

Ces observations s'appliquent surtout aux *dettes publiques*. Le fondateur de l'économie politique se montre fort peu partisan du système tant vanté du crédit public, qui se résout toujours à ses yeux par un appauvrissement. Un écrivain nommé Pinto ayant avancé, dans un *Traité de la circulation et du crédit*, que les fonds publics de l'Angleterre formaient un nouveau capital à ajouter à ses autres capitaux ; Adam Smith le réfute vivement. « Cet auteur, dit-il, ne fait pas attention que le capital avancé au gouvernement par les créanciers de l'état était une portion du produit annuel qui a été détournée de faire fonction de capital pour passer dans le revenu, ou en d'autres termes qui a été enlevée au travail productif pour être dissipée improductivement. À la vérité, les créanciers ont obtenu, en retour du capital par eux avancé, une annuité sur les fonds publics qui en représente au moins la valeur. Cette annuité leur fournit les moyens d'obtenir des tiers, par vente ou par emprunt, un nouveau capital égal ou supérieur à celui qu'ils ont avancé au gouvernement ; mais ce nouveau capital, il fallait bien qu'il existât auparavant dans le pays, et qu'il y fût employé, comme tous les capitaux, à entretenir du travail productif. Quand ce capital est venu à passer entre les mains de ceux qui avaient avancé le leur au gouvernement, il pouvait être nouveau pour eux, mais il ne l'était pas pour le pays. Si l'emprunt n'avait pas eu lieu, *il y aurait eu dans le pays deux capitaux au lieu d'un.* »

Cette réponse n'est complètement juste qu'autant que le montant de l'emprunt a été réellement consacré à des dépenses improductives, ce qui n'arrive pas de toute nécessité ; mais il n'y a que bien peu d'exemples qu'un emprunt ait été employé en dépenses utiles' ou nécessaires, comme une guerre défensive ou des travaux publics. Souvent même les gouvernements empruntent pour des guerres inutiles ou pour des gaspillages fastueux ; dans ce cas, l'observation est vraie à la lettre, il y a destruction et non formation de capital. Et d'ailleurs, quand l'emprunt sert à des dépenses utiles, c'est encore une question de savoir si le capital emprunté n'aurait pas fructifié davantage entre les mains de l'intérêt privé, et si, érigé en capital public, il n'a pas empêché la formation d'un plus grand nombre de capitaux particuliers. En fait, on peut affirmer que les neuf dixièmes au moins des dettes publiques ont eu pour origine des destructions de capital, et l'opinion de Pinto, que Mac-Culloch qualifie avec raison d'extravagant paradoxe, ne trouverait pas aujourd'hui un seul partisan un peu éclairé. Ce qui trompe les yeux superficiels, c'est cette masse de titres qu'on appelle des *capitaux*, et qui en font l'office dans les échanges, mais qui ne sont en réalité que des hypothèques sur l'ensemble des propriétés nationales, et qui en diminuent d'autant la valeur.

Quant à cette autre erreur plus répandue que, dans le paiement de la dette publique, c'est la main droite qui paie à la main gauche, et que la nation n'y perd rien, Adam Smith prend aussi la peine de la réfuter en quelques mots. « Quand même, dit-il, la totalité de la dette appartiendrait à des nationaux, ce qui n'arrive pas toujours, ce ne serait pas moins un mal des plus pernicieux. Le propriétaire de terre, pour conserver son revenu, est intéressé à tenir son bien en bon état par toute sorte de réparations et d'améliorations dispendieuses. Une excessive contribution foncière, destinée à payer les créanciers de l'état, peut retrancher de ce revenu une part tellement forte qu'il ne puisse plus subvenir à ces améliorations. Il en est de même quand la multiplicité des impôts enlève aux marchands et aux manufacturiers une partie notable de leur capital. Un créancier de l'état a certainement un intérêt vague et général à la prospérité de l'agriculture, des manufactures et du commerce, puisque c'est ce qui sert à lui payer l'annuité qui lui est due ; mais il n'a directement aucun intérêt à ce que telle portion de terre soit en bonne valeur ou telle portion de capital avantageusement exploitée. Il ne connaît aucune portion particulière de terre ou de capital, il n'en a aucune sous sa direction immédiate, et il n'en est pas une qui ne puisse être totalement anéantie sans qu'il s'en doute. »

Du reste, Adam Smith ne se dissimule pas ce que ce système a de commode, dans un pays riche, pour les gouvernements et pour les capitalistes, aux dépens du public. « Les gouvernements, dit

Smith, se montrent très disposés, dans la plupart des occasions, à emprunter à des conditions extrêmement avantageuses pour les prêteurs. L'engagement que l'état prend envers le créancier primitif est de nature à pouvoir se transmettre de main en main, et quand le public a confiance dans la justice de l'état, on vend d'ordinaire cet engagement sur la place à un prix supérieur à celui qui a été payé dans l'origine. Le capitaliste se fait ainsi un bénéfice en prêtant au gouvernement, et au lieu de diminuer ses capitaux, c'est pour lui un moyen de les augmenter. Il regarde donc comme une grâce d'être admis pour une portion dans la souscription pour un nouvel emprunt. De là un désir général, dans un état riche, de prêter au gouvernement. De son côté, le gouvernement d'un tel état est très porté à se reposer sur cette bonne volonté des sujets de lui prêter leur argent, et il se dispense volontiers du devoir d'épargner. » Ceci explique parfaitement pourquoi les peuples riches sont ceux qui ont les plus fortes dettes ; ils ne sont pas riches parce qu'ils sont endettés, ils sont endettés parce qu'ils sont riches. La richesse vient d'ailleurs, elle vient du travail et de la sécurité ; plus elle se produit en abondance, plus on est tenté d'en abuser. Il ne dépend pas de tous les gouvernements d'emprunter autant que le gouvernement anglais par exemple : ce n'est pas la bonne volonté qui manque, ce sont les moyens.

Quant à la nation elle-même, dont les intérêts sont sacrifiés dans cet accord entre les gouvernements prodigues et les capitalistes calculateurs, elle ne réagit pour se défendre qu'autant que l'esprit public y est puissant et éclairé ; sinon, elle ne sent pas tout d'abord le nouveau fardeau qui vient de lui être imposé et qui n'a pas pour effet immédiat d'augmenter les impôts. Adam Smith s'indigne de cette torpeur et demande, pour la faire cesser, que les charges extraordinaires soient acquittées par des impôts et non par des emprunts. « Si l'on pourvoyait, dit-il avec raison, aux dépenses de la guerre avec un revenu, levé dans le cours de l'année, les guerres seraient plus promptement terminées, et on les entreprendrait avec moins de légèreté ; ces périodes d'appauvrissement, où la possibilité d'accumuler des capitaux est comme suspendue par l'exagération des dépenses publiques, deviendraient à la fois plus rares et plus courtes. » On sait qu'en Angleterre, où le sentiment des questions financières et le respect des intérêts généraux sont plus répandus qu'ailleurs, on a voulu essayer pendant la dernière guerre du mode recommandé par Smith ; mais il a fallu revenir à l'emprunt : cette tentative n'en fait pas moins le plus grand honneur au gouvernement et à la nation.

Le philosophe écossais trace l'historique de la dette anglaise, qui s'élevait en 1776 à 130 millions de livres sterling ou 3 milliards 250 millions, et il présente avec le plus grand détail l'exposé de tout un plan pour la racheter. Ce plan peut paraître chimérique, car il reposait en partie sur des impôts acquittés par les colonies au moment même où l'Amérique se soulevait pour n'en pas payer. Il n'en est pas moins vrai que si ce plan ou tout autre avait prévalu, si surtout le gouvernement anglais avait pu s'abstenir de nouveaux emprunts, l'Angleterre, si riche qu'elle soit, serait aujourd'hui bien plus riche, et l'aisance moyenne encore plus répandue dans toutes les classes de la population. Vingt-cinq milliards de plus ou de moins dans la fortune d'un peuple, ce n'est pas indifférent. Une seule fois, en 1786, l'Angleterre s'est crue à la veille de se délivrer de sa dette : c'est quand Pitt fit adopter par le parlement son fameux système d'amortissement par la puissance des intérêts composés, emprunté au docteur Price. Smith vivait encore à cette époque, et probablement il dut partager les espérances du ministre et de la nation. La guerre contre la France ayant éclaté peu de temps après, des dépenses gigantesques devinrent nécessaires, et l'action de l'amortissement disparut sous l'accumulation des nouveaux emprunts ; ce n'est pas la faute du système adopté. Aujourd'hui encore, il faut rendre cette justice à la nation anglaise, qu'elle n'épargne rien, pas même l'*income-tax*, pour réduire le plus possible son énorme dette.

Plus que jamais il devient à propos de rappeler en France le jugement d'Adam Smith et de tous les économistes sur les emprunts publics. Notre dette nationale a doublé depuis dix ans, même sans parler de la garantie éventuelle accordée par l'état aux obligations de chemins de fer. La dette antérieure à 1848 se composait presque tout entière du tiers consolidé en 1798 et des dépenses causées par les deux invasions ; la restauration et la monarchie de juillet n'y avaient ajouté que des quantités insignifiantes, les emprunts contractés sous ces deux régimes, depuis la liquidation de l'empire, ayant été à peu près compensés par l'amortissement malgré l'indemnité des émigrés, la guerre d'Espagne et de Morée, la conquête de l'Algérie et l'extension donnée aux travaux publics. Ces trente ans de bonne administration financière sont précisément ce qui a créé chez nous le crédit public, dont on vient de faire un si large usage ; il est grand temps de revenir sur nos pas. Quand Louis XIV résolut de se jeter dans la voie ruineuse des emprunts, Colbert résista de toutes ses forces ; la volonté du roi n'en fut pas moins obéie par les courtisans qui composaient le conseil, et Colbert dit en sortant à l'un d'eux : « Croyez-vous que je ne sache pas aussi bien que vous qu'on peut trouver de l'argent à emprunter ? Mais vous connaissez comme moi l'homme à qui nous avons affaire, sa passion pour la représentation, pour les grandes entreprises, pour tous les genres de prodigalités. Voilà donc la carrière ouverte aux emprunts, par conséquent à des dépenses illimitées ! Vous en répondez à la nation et à la postérité. » Et la responsabilité dont parlait prophétiquement Colbert n'est pas légère à porter, car ce sont les conséquences des profusions et des emprunts de Louis XIV qui ont fait monter Louis XVI sur l'échafaud.

Section V

Voilà les problèmes qui occupaient, il y a cent ans, au fond d'un pauvre village de pêcheurs, les méditations d'un professeur de philosophie morale. Depuis ce moment, la doctrine du rêveur solitaire a fait son chemin, et partout où elle a reçu une application même imparfaite, elle a apporté une prospérité inouïe jusqu'alors. Sa terre natale est naturellement celle qui en a retiré les plus heureux fruits ; le reste du monde s'en pénètre aussi peu à peu. C'est elle qui fait naître et grandir aux bouts de la terre des nations nouvelles, et qui pousse comme malgré elles les nations les plus rebelles du vieux monde. La France est une des plus réfractaires ; mais si elle refuse d'adopter les principes, elle en a mis beaucoup en pratique sans s'en douter. Nous nous sommes laissé devancer par presque tous les peuples qui nous entourent : la population britannique, qui n'était au commencement du siècle que la moitié de la nôtre, l'égale aujourd'hui, en y comprenant les colonies ; la Belgique et l'Italie, l'Allemagne et la Suisse, marchent plus vite que nous ; nous avons moins de chemins de fer que la plupart de nos voisins;[1] notre agriculture est des moins productives, notre navigation n'avance pas, et cependant nos progrès sont grands et visibles. À quoi les devons-nous ? À ce qui a transpiré dans nos lois et dans nos mœurs de la doctrine de la liberté du travail, tandis que les préjugés contraires nous ont fait et nous font encore beaucoup de mal.

Que seraient aujourd'hui notre agriculture, notre industrie, notre commerce, sans l'abolition de la plupart des obstacles qui arrêtaient autrefois la production ? On entend dire assez souvent que nos manufactures doivent tout à ce qu'on appelle le système protecteur ; mais on ne réfléchit pas que ce système n'est plus complet, Dieu merci : ce qui passe entre les mailles fait illusion sur le reste. Que seraient nos manufactures de soieries, de cotonnades, de lainages, s'il n'entrait pas tous les ans en France pour 150 millions de soies étrangères, pour 150 millions de cotons étrangers, pour 150 millions de laines étrangères, et s'il ne sortait pas en même temps pour 600 millions de nos tissus ? Que deviendrions-nous si nous n'avions pas tous les ans un commerce de 700 millions avec l'Angleterre, de 450 millions avec les États-Unis, de 350 millions avec la Belgique, de 250 millions avec l'Allemagne, etc. ? Et ce qui est vrai du commerce étranger l'est encore plus du commerce intérieur. Où en serions-nous si, comme le dit Voltaire, il était encore défendu à tout Périgourdin d'acheter du blé en Auvergne, et à tout Champenois de manger du pain avec du blé acheté en Picardie ? si les houilles de la Flandre étaient protégées contre celles de la Loire, ou les fers de la Champagne contre ceux du Berry ?

---

1 Voici la longueur des chemins de fer exploités à la fin de 1857 par myriamètre carré de superficie :

1	Belgique	5	kilomètres.
2	Grande-Bretagne	4,7	—
3	Allemagne	1,8	—
4	Prusse	1,7	—
5	France	1,4	—

Pour la longueur exploitée proportionnellement à la population, notre infériorité est encore plus marquée : nous n'occupons que le *huitième* rang, et nous ne sommes pas en voie de regagner la différence, car nous n'avons ouvert en 1859 que 350 nouveaux kilomètres, comme dans les plus mauvaises années qui ont suivi la révolution de février.

Léonce de Lavergne

si les grandes querelles entre les savetiers et les cordonniers, les fripiers et les tailleurs, les joailliers et les orfèvres, qui ont tant occupé les parlements, et qui ont failli se renouveler récemment entre les pâtissiers et les boulangers, duraient encore ? Quelque puissante que soit restée l'ancienne manie réglementaire, elle a cédé pour toujours sur bien des points ; ce n'est pas le privilège, c'est la liberté qui domine dans notre organisation économique. Voilà ce qui nous permet de conserver, sinon tout à fait impunément, du moins sans trop en souffrir en apparence, pas mal de prohibitions, et même de nous passer de temps en temps le plaisir coûteux d'une révolution ou de gaspiller une bonne partie des revenus publics ou privés *par une certaine impuissance d'esprit contre les fantaisies.*

Quand on voit combien fructifie le faible capital dont peuvent disposer nos cultivateurs et nos industriels, et combien une liberté boiteuse a produit de trésors depuis quarante ans, on se demande ce que serait la France, si elle avait su se pénétrer davantage des sages prescriptions de Turgot et d'Adam Smith. Il se peut que, dans l'exposé de leurs doctrines, les économistes français modernes, comme leurs prédécesseurs du siècle dernier, n'aient pas su garder assez de mesure. C'est là un péché tout français, dont l'économie politique n'a pas plus réussi à se défendre que la politique proprement dite. En tout pays, il y a des faits historiques puissants qui font partie de la constitution nationale et qu'il faut savoir respecter ; sinon, ils se font respecter eux-mêmes et se défendent contre les agresseurs en les écrasant. Si les économistes français ont commis des fautes, on s'en est habilement servi contre eux, et en définitive la France entière a payé les frais du différend. Ce qui jette l'épouvante dans la plupart des esprits, c'est la croyance à une sorte d'anarchie universelle qui suivrait l'application des théories économiques. Injustes et puériles en elles-mêmes, ces terreurs s'expliquent par quelques déclamations excessives, car en toute chose le radicalisme porte malheur. Rien n'est plus propre à les calmer que la lecture d'Adam Smith. Nulle part la doctrine de la liberté du travail n'est présentée avec plus de netteté, et nulle part elle n'est accompagnée de plus de ménagements. Pour le patriarche de l'économie politique, l'idée de la liberté ne se sépare jamais de l'idée de l'ordre, ou, pour mieux dire, les deux idées n'en font qu'une : la liberté n'est que le moyen de dégager l'ordre essentiel et divin, faussé par les combinaisons humaines. Nul ne se montre plus patient, plus conservateur des droits acquis, plus ami des transitions, plus attentif aux moindres faits, plus dégagé de passion et d'entraînement que les économistes anglais de son école, et cependant nul n'a porté plus loin qu'eux, sans aucun danger pour la paix publique, pour l'état politique et social, et avec des conséquences infinies pour la prospérité nationale, la pratique successive de ces principes.

Si nous en croyons d'intolérants moralistes, l'économie politique a un bien autre défaut : c'est une étude matérialiste et vile, qui ne songe qu'aux besoins du corps. Il est vrai : il ne s'agit que de donner du pain à ceux qui ont faim, des vêtements à ceux qui ont froid, de multiplier autant que possible le nombre des créatures de Dieu qui vivent au soleil, de répandre l'aisance et le bien-être autour de soi, de rendre son pays riche, heureux et puissant. Et par quels moyens veut-on y parvenir ? Uniquement par la justice et par la liberté, c'est-à-dire par les lumières et par les mœurs. Voilà qui mérite en effet les mépris et les anathèmes ! « L'économie politique, dit-on, c'est la science de la richesse, c'est-à-dire l'art de devenir riche par tous les moyens. » Ici l'on se méprend ou l'on feint de se méprendre sur le sens du mot. Il y a deux sortes de richesse : la vraie, la légitime, celle qui vient du travail et de l'épargne ; la fausse et l'injuste, celle qui vient de la ruse et de la spoliation. La première s'acquiert lentement, péniblement, et profite à la société tout entière : c'est celle que recherche l'économie politique ; la seconde s'obtient aux dépens d'autrui, l'économie politique la condamne et la poursuit sans pitié. Si la science économique était plus répandue, plus acceptée, il y aurait certainement moins de pauvres, mais il y aurait aussi moins de riches ; la production doublée n'y suffirait pas. Le travail, même dans un pays où il jouit pleinement de la liberté, fait rarement des riches ; il crée beaucoup plus de richesses qu'ailleurs, mais ces richesses se répartissent plus également, et il en reste bien peu pour l'oisiveté. Qui a plus attaqué le luxe que l'économie politique ? Qui a mieux démontré l'union intime du luxe et de la misère ? Hélas ! il s'agit bien moins d'arriver à la richesse que d'éviter la pauvreté, et la parole divine ne cessera pas d'être vraie : *Tu mangeras ton pain à la sueur de ton front.*

Nous avons vu que l'économie politique est née de la morale, ainsi du moins que l'entend l'école écossaise, et qu'elles ont toutes deux un principe commun, l'amour de l'humanité. Veut-on mieux encore, si mieux il y a ? L'idée de la responsabilité personnelle domine la morale, elle domine aussi l'économie politique, c'est une des causes qui nuisent le plus à son succès. La faiblesse naturelle de l'homme répugne à cette mâle science qui, dépouillant de ses voiles le mystère de la richesse, montre partout la rude nécessité du travail et de l'épargne. Le crédit même, ce mot magique qui semble créer à volonté des trésors, sort à sa voix des nuages dorés, et n'a plus pour origine que la stricte fidélité à remplir ses engagements. Tout précepte économique suppose une vertu, toute conquête légitime de bien-être dépend de l'accomplissement d'un devoir. Après avoir tout fait pour éviter la souffrance et la pauvreté, l'économie politique apprend encore à souffrir sans murmurer, en montrant que tout secours implique un sacrifice, et qu'on ne peut donner aux uns sans ôter aux autres, ce qui est à coup sûr le plus dur châtiment que puisse recevoir ici-bas l'imprévoyance humaine. Cela ne suffit pas, nous dit-on. Eh ! qui en doute ? L'économie politique n'est pas la morale, pas plus que la morale n'est la religion ou la politique, pas plus que la philosophie n'est l'histoire naturelle, la littérature ou les beaux-arts. Pour que l'unité primordiale survive à cette diversité forcée, il suffit que ces différentes voies concourent au même but, et en effet les populations qui doivent au travail la plus grande aisance matérielle sont en même temps les plus morales, les plus libres, les plus religieuses, les plus éclairées, les plus polies, les plus saines d'âme et de corps. Tout s'enchaîne dans le bien comme dans le mal.

De même que les vertus privées, les vertus publiques ont plusieurs mobiles ; l'intérêt bien entendu, s'il n'est pas le seul, est un des plus vivaces. Les peuples qui ont le plus perdu le sentiment de leurs droits conservent le sentiment de leurs intérêts, et tant que »ce dernier levier n'est pas brisé, rien n'est tout à fait perdu. Chacun peut espérer un moment, dans une société sceptique et désorganisée, fonder ou sauver sa propre fortune sur les ruines des mœurs publiques ; il faut cependant finir par voir quelque jour que, si les gagnants se comptent par centaines à cette misérable loterie, les perdants se comptent par millions. On se prend alors à regretter les garanties méconnues. Il n'y a pas de prospérité durable pour une nation hors de l'accomplissement viril et sensé des devoirs politiques. Voilà ce que les peuples peuvent oublier dans un moment de fatigue et de découragement, mais ce que les leçons de l'expérience ne peuvent manquer de leur rappeler, et, à défaut des nobles instincts tristement obscurcis, l'aiguillon de la nécessité réveille tôt ou tard les âmes engourdies. C'est là un des caractères qui distinguent le plus les sociétés modernes des sociétés antiques : quelle que soit toujours la puissance des éléments morbides, la réaction vitale est aujourd'hui plus forte, et rien d'absolument pareil à l'empire romain ne peut plus se renouveler.

Après tout, la moralité d'une doctrine se juge par ses fruits, par la conduite publique et privée de ceux qui la professent. Le mobile spécial des études économiques, c'est l'intérêt, mais l'intérêt d'autrui, l'intérêt national et patriotique, l'intérêt du genre humain. Quelques exagérations de Bentham, aggravées encore par de malveillants commentaires, ne peuvent donner le change sur le véritable sens d'une doctrine qui ne prend pour guide l'intérêt privé qu'autant qu'il se confond avec l'intérêt général, et qui le repousse dès qu'il s'en écarte. Quant à la préoccupation exclusive de l'intérêt personnel, qui s'en est montré de tout temps plus affranchi que les économistes ? Qui a moins brigué les richesses mal acquises, les faux honneurs, les monopoles lucratifs, les faciles bénéfices ? Qui a plus ouvertement tenu tête soit aux violences populaires des jours de révolution, soit aux lâches complaisances des jours de servitude ? Qui a plus provoqué le sourire méprisant des habiles en délaissant le succès positif pour courir après ce qu'on appelle des chimères, en sacrifiant sottement son temps, ses peines, sa fortune et quelquefois sa vie pour le succès de ses convictions ? Qui a mieux vécu et qui est mieux, mort, supportant sans pâlir et les épreuves de la vie et l'épreuve suprême du dernier moment ?

En France, l'économie politique commence par Vauban, qui meurt disgracié par Louis XIV pour avoir osé lui dire la vérité ; Racine et Fénelon ne sont pas plus heureux : *ce sont*, dit l'égoïste couronné, *de beaux esprits chimériques*, et on sait comment il les a traités. Bientôt, au milieu des corruptions du règne de Louis XV, se forme le club de l'entre-sol, où quelques hommes de bien se réunissent pour s'entretenir de la misère publique et des adoucissements qu'on peut y porter ; le club de l'entre-sol est fermé, et ceux qui le composent dispersés comme des rêveurs dangereux qu'il faut surveiller. Le fondateur de l'école, Quesnay, reste pauvre au milieu de la cour, quand il aurait pu mieux qu'un autre, par ses fonctions auprès du roi, obtenir faveurs et pensions ; sa famille le presse de faire son fils fermier-général. — *Non*, répond-il, *le bonheur de mes enfants doit être lié à la prospérité publique*, et il aime mieux mettre ce fils à la tête d'une grande exploitation rurale avec toutes ses chances. Le mercier de La Rivière se fait révoquer de ses fonctions d'intendant de la Martinique pour avoir voulu introduire dans cette colonie la liberté du commerce, et refuse obstinément, malgré les menaces du ministre, de faire partie du parlement Maupeou. Turgot brave la colère des parlements et de la cour, ne craint même pas de heurter l'opinion publique, et tombe du pouvoir sans hésitation et sans regret plutôt que de rien céder sur ce qu'il regarde comme le salut du trône et du pays. La révolution venue, Dupont de Nemours ose lutter contre Mirabeau pour combattre la funeste création des assignats ; l'abbé Morellet fait entendre à plusieurs reprises le juste cri des familles contre la confiscation des propriétés ; Lavoisier monte tranquillement sur l'échafaud, ne regrettant que l'expérience de chimie qu'il laisse imparfaite ; Condorcet se livre à ses ennemis après avoir tracé d'une main ferme les dernières pages de son *Esquisse des Progrès de l'esprit humain*.[1] De nos jours enfin, J.-B. Say, exclu du tribunat, se fait filateur pour vivre plutôt que de plier sous l'inflexible volonté qui gouverne la France, et Rossi tombe assassiné pour sa glorieuse résistance aux factions.

En Angleterre, où la société est plus calme et la vertu plus facile, les économistes n'ont pas à braver les mêmes dangers ; mais si le théâtre est moins agité, l'exemple qu'ils donnent ne commande pas moins le respect. Il n'y a pas d'existence plus pure, plus désintéressée, plus dévouée à la science que celle d'Adam Smith. Malthus, dont le nom soulève tant d'imprécations, était le plus doux, le plus affectueux, le plus sincère des hommes, un véritable philosophe chrétien. Quand on sort du domaine de la science pure pour entrer dans l'application, l'on rencontre des noms comme

---

1 Lavoisier et Condorcet étaient tous deux des économistes de l'école de Quesnay : le premier avait préparé les matériaux d'un grand ouvrage sur la *Richesse territoriale de la France* ; le second a écrit des *Lettres sur le Commerce des grains*. Malesherbes appartenait à la même école.

ceux de Pitt, d'Huskisson, de Robert Peel : Pitt, qui avait puisé dans la lecture assidue d'Adam Smith le rare courage qu'il montra dans sa lutte contre les abus, et dont le comte d'Adhémar, ambassadeur de France, écrivait en 1785 : *M. Pitt a osé entrer dans l'examen de tous les gages, de tous les émoluments, de tous les profits illicites, vous Jugez bien que c'est un homme perdu* ; — Huskisson, qui, malgré l'opposition furieuse des intéressés, a fait lever en 1824 la prohibition des soieries étrangères, et qui n'a pas craint d'attaquer en même temps l'acte de navigation et les lois sur les céréales, que défendaient encore de puissants préjugés ; — Robert Peel, qui a mieux aimé rompre avec son parti, changer publiquement d'opinion et se condamner pour le reste de ses jours à l'isolement, que retarder d'un seul moment le triomphe d'une idée vraie qu'il avait longtemps combattue et qui avait fini par le gagner.

Certes voilà des actes de désintéressement s'il en fut, car il n'est pas un seul de ces hommes qui n'eût personnellement beaucoup gagné à soutenir l'opinion contraire. En Angleterre au moins, on se sent soutenu par une partie considérable de l'opinion publique ; les idées économiques font tous les jours des progrès, même dans les rangs populaires, et quand Robert Peel est mort, la nation entière l'a pleuré. En France, nous n'en sommes malheureusement pas là. Non-seulement, ce qui est tout simple, les économistes soulèvent les colères des parasites et des privilégiés, mais ceux même qui auraient le plus d'intérêt à les écouter les détestent. Soit par la faute du public, qui juge sans entendre, soit par celle des économistes eux-mêmes, soit plutôt par l'une et l'autre cause à la fois, l'économie politique n'a pas pu perdre chez nous le caractère d'une secte. Il était déjà de mode, au XVIIIe siècle, d'en rire dans le monde élégant, et Voltaire, qui devait plus tard rendre si haute justice à Turgot, a commencé par les railleries de *l'Homme aux quarante écus*. Aujourd'hui il est peu d'écrivains prétendant à l'élévation morale qui rie se croient obligés de jeter la pierre en passant à cette école suspecte. Le peuple même, le peuple qui lui doit tout ce qu'il a gagné depuis cent ans, et qui lui devra tout ce qu'il gagnera encore, la maudit dans son ignorance ; il aime mieux ceux qui le flattent et le perdent que ceux qui le servent en l'éclairant ; il se souvient de Robespierre et de Babeuf, il ne connaît pas le nom de Turgot, ou s'il le connaît, il le dédaigne. Que dis-je ? Il préfère les maîtres qui l'accablent ; comme disait énergiquement, sous Louis XIV, Tallemant des Réaux, *il réserve sa vénération pour ceux qui le mangent*, et, comme dit de nos jours le poète des *Iambes*,

Il aime le tyran qui, dans les champs humides,

Par milliers fait pourrir les os ;

Il aime qui lui fait bâtir des pyramides,

Porter des pierres sur le dos.

Si les vérités économiques étaient soumises au suffrage universel, elles seraient probablement condamnées à une immense majorité. N'importe, elles n'ont pas péri, elles ne périront pas. Essentiellement pacifiques, elles ne demandent rien au nombre et à la force ; à leur tour, le nombre et la force ne peuvent rien contre elles. Croit-on que la rotation de la terre autour du soleil ou toute autre vérité physique qui heurte aussi les apparences et les préjugés trouvât meilleur accueil ? Depuis qu'elle a vu le jour, cette doctrine si contestée n'a cessé de s'étendre, de s'infiltrer peu à peu ; même au plus fort des résistances, elle a fait chaque jour un pas. Plus heureuse que sa sœur, la liberté politique, qu'on a vue trop souvent forcée de reculer devant ses propres écarts, la liberté économique ne recule jamais. Toute expérience finit par tourner à son profit, et ceux qui la combattent le plus sur un point sont amenés par la force des choses à l'invoquer sur un autre. Sans doute il est dur pour ses défenseurs de ne recueillir le plus souvent que des injures pour prix de leurs efforts, mais le sentiment du bien qu'ils peuvent faire les console d'en être si mal récompensés.

ISBN : 978-1546473947